L'ERMITE DE LA BANLIEUE

A

SES CONCITOYENS.

« Ce qu'on appelle *union* dans un corps politique est une chose très-équivoque ; la vraie est une union d'harmonie qui fait que toutes les parties, quelque opposées qu'elles nous paraissent, concourent au bien général de la société, comme des dissonances dans la musique concourent à l'accord total. »

MONTESQUIEU, *De la grandeur des Romains et de leur décadence.*

IMPRIMERIE

DE HENNUYER ET Cᵉ, RUE LEMERCIER, 24.

BATIGNOLLES.

1848

L'ERMITE DE LA BANLIEUE

A

SES CONCITOYENS.

Mes chers concitoyens, permettez même que je dise : mes enfants, car je suis si vieux, si vieux, que je ne puis vous appeler mes frères; avant de descendre au tombeau, je vais vous adresser quelques conseils sur la forme de gouvernement que je désirerais vous voir adopter; quelques conseils seulement. De plus jeunes, de plus fortes têtes vous proposeront des constitutions tout entières. Pour mon âge et pour ma faiblesse, ce sera bien assez d'apporter quelques moellons à l'édifice social. J'ai la conscience de ne pas radoter encore, quoique je puisse me vanter d'avoir appris à épeler dans l'Encyclopédie, que je me fasse gloire d'avoir dîné trois fois avec Voltaire, que j'aie souvent causé avec J.-J. Rousseau, les jours où il était abordable : à cause de quoi, si j'avais un grain d'amour-propre, je pourrais donner à entendre que je lui ai fourni quelques idées pour le Contrat social. Quoi qu'il en soit, bien ou mal, je puis penser encore, si je ne puis plus écrire. J'avais trois arrière-petits-fils : l'un est mort dans les guerres de l'Empire; l'autre, homme déjà mûr, a été tué sur les barricades de 1830; le troisième, à qui l'âge et une sciatique n'ont pas permis, heureusement pour moi (mais je rougis presque de le dire), de combattre en Février, le troisième tient aujourd'hui la plume sous ma dictée, et d'une main assez ferme encore, je vous assure.

J'ai assisté à l'enfantement et à la chute de bien des constitutions : elles contenaient toutes en elles-mêmes, selon l'opinion commune, des germes de mort, qu'une sorte de douloureuse prescience m'avait révélés, à moi, longtemps d'avance; mais on se serait moqué de moi (ce qu'on ne fera pas, j'espère, cette fois-ci, par respect pour ma vieillesse), si, au milieu de l'enthousiasme et des espérances qu'elles faisaient naître, j'avais dit, même tout bas, ce que je vais avoir le courage de vous dire tout haut : c'est que vouloir, dans toute espèce de constitution, des pouvoirs qui se balancent, c'est vouloir en France, avec les mœurs, avec les idées et la mobilité du caractère des Français, un antagonisme qui entrave d'abord, puis, bientôt, un combat à outrance, où l'un des pouvoirs succombe à la fin ; c'est vouloir une révolution tous les dix ans. Voulez-vous que celle-ci soit la dernière ? *établissez l'unité dans le pouvoir.*

Je viens de me faire relire (car la vue n'est pas au nombre des facultés qui me restent) cette fameuse déclaration des droits de Robespierre, dont la seule mention fait frissonner encore aujourd'hui tant de dignes et honnêtes gens qui ne la connaissent que de nom. Ne refusez pas de me croire; elle vaut mieux que sa réputation : c'est

de l'Evangile tout pur. J'ai profité de l'occasion
pour me faire aussi rafraîchir la mémoire touchant
les deux constitutions républicaines de l'an II et
de l'an III. Eh bien! je vous jure sur ma tête plus
que centenaire, que la Constitution qui va sortir
de la future Assemblée nationale ne serait pas assez libérale, assez démocratique, en raison de l'a-
doucissement des mœurs et des progrès des lumiè-
res, de l'intelligence du peuple, si elle restait en
deçà, si elle n'allait même bien au delà de ces deux
constitutions. Quant à celles-ci, du reste, pourquoi
n'eurent-elles aucune durée? Ce n'est pas parce
qu'elles ne valaient absolument rien; c'est parce
que, indépendamment de leurs imperfections, le
temps et les passions ne comportaient aucune durée; le torrent révolutionnaire brisait tous les ob-
stacles, forts ou faibles; le vent soufflait à l'anar-
chie, aux réactions, aux vengeances : aujourd'hui,
il souffle vers l'industrie, vers le bien-être, vers la
jouissance d'une liberté véritable, calme et géné-
reuse. Cessez donc, mes chers enfants (vous me
permettez ce mot, n'est-ce pas?), cessez de vous
abandonner à de folles terreurs. Confiez-vous à la
démocratie, si toutefois vous l'établissez vraie et
sincère; repoussez les démagogues, vils flatteurs du
peuple, qui, pour faire leur métier sans concur-
rence, ont chassé les flatteurs des rois; que les minorités se soumettent, et cette fois franchement, au
vœu de la majorité, elle-même fidèlement repré-
sentée. Mais pour que cette démocratie soit dura-
ble, il faut, je pense, sortir de l'ornière et entrer

dans des voies nouvelles. Ecoutez donc ce que m'enhardit à vous conseiller un siècle d'études, d'expérience et de méditations.

S'il est vrai que la monarchie ait trouvé sa perte dans la corruption, la fraude, l'astuce, l'intrigue et le mensonge (soutiens plus ou moins cachés sous le nom d'adresse, de capacité *politique*, mais soutiens toujours nécessaires de toute tendance gouvernementale ou ministérielle qui s'efforce de prévaloir en s'appuyant sur une majorité influencée et factice); il n'est pas moins incontestable que, pour être respectée et respectable, la République doit chercher sa force et son salut dans la réalité, dans la droiture, et que la volonté nationale, manifestée par le jeu d'institutions franchement démocratiques, peut et doit se passer, pour son repos, de tout système que pour elle et en son nom, avec les plus louables intentions du monde, concevraient un ou plusieurs hommes d'Etat ou prétendus tels; système bon ou mauvais, dont le développement poursuivi avec plus ou moins de mystère, rend indispensables les changements de ministères, leur solidarité, les crises ministérielles, les coalitions, les résistances, les dissolutions de représentation nationale, les agitations, les tentatives plus ou moins criminelles, toujours honteuses, pour saisir le pouvoir ou le garder. Il n'y a dans tout cela que de faux semblants de liberté. Croyez-moi, il faut rejeter loin d'une république honnête et vertueuse, en même temps que les discours du trône et les adresses des Chambres, toutes ces manœuvres parlementaires, toutes ces évolutions stratégiques des gouvernements constitutionnels et pondérés, qui, pour être possibles, ainsi que celui de l'Angleterre, veulent au moins, comme élément indispensable, une forte aristocratie, dont nous ne voulons plus, nous, qui n'avons pu supporter l'innocente aristocratie de notre dernière Chambre des pairs. Il faut que *la nation* (c'est à dessein qu'ici je ne dis pas *le peuple*) fasse toujours par elle-même ses propres affaires, en plein jour, cartes sur table; que les divers intérêts (les opinions et les intérêts, c'est tout un : du moins il en était ainsi dans mon jeune âge, et tant que j'ai vu clair, il m'a paru qu'il en était toujours de même), que les divers intérêts, dis-je, dont se compose ce faisceau, qu'on appelle l'intérêt général ou le bien public (c'est encore la même chose), ne craignent pas de se montrer à visage découvert; que chacun, en matière d'élection, vote pour le candidat qu'il connaît personnellement, et qui a ses sympathies naturelles; que des dissonances même, comme de l'accord des intérêts privés, sorte l'harmonieux et libre concert de l'intérêt de tous, de l'impartialité envers chacun, du respect pour les minorités. Montesquieu l'a dit en des termes au moins aussi éloquents dans le passage qui me sert d'épigraphe.

Il ne faut pas non plus qu'une constitution démocratique soit (passez-moi le mot) *autoclave*, comme cette marmite de terrible mémoire dont les éclats tuèrent, il y a quelque vingt ans, ce pauvre Naldi, un de mes meilleurs amis. Il faut se

bien précautionner contre des explosions qui viendraient encore de temps en temps mettre en danger la machine sociale : laissons donc des soupapes de sûreté aux diverses opinions, même, et à plus
forte raison, aux plus violentes[1], et songeons à cette
mobilité de notre nation[2], qui, au dire des uns, la

[1] Mais, dira-t-on, c'est leur donner la tribune pour piédestal :
c'est concentrer les regards distraits sur des hommes ou sur des
choses qu'il serait plus prudent, plus politique (vous saurez que
je n'aime guère ce mot) de laisser dans l'ombre. Erreur, mes enfants, erreur ! N'avez-vous pas vu maintes fois porter aux nues des
talents de société, des voix admirables, auxquelles, dans les salons (les clubs vont leur ressembler, sous quelques rapports au moins)
on prédisait un succès *révolutionnaire*; des tragédies de poëtes
incompris, dès lors et même depuis, qui surpassaient Voltaire,
Racine et Corneille? Eh bien, toutes ces merveilles produites sur la
scène, vues et écoutées par des milliers d'yeux et d'oreilles, éclairées des vingt ou trente becs à gaz de la rampe (on m'assure que
trente becs à gaz d'aujourd'hui valent au moins soixante quinquets
de mon âge mûr et cent chandelles de ma jeunesse); tout cela,
dis-je, la plupart du temps, devenait petit, mesquin, ridicule : la
voix expirait au milieu de la salle, la cantatrice rentrait le soir
même dans les chœurs et courait le cachet le lendemain; les vers
étaient sifflés avec et par leurs prôneurs mêmes ; l'auteur devenait
académicien et cessait d'écrire, comme si on lui en avait fait la
condition.

Le même désenchantement, croyez-moi, est réservé à bon nombre de ces symptômes désorganisateurs qui couvent dans l'ombre :
cette ombre, il faut la dissiper.

[2] On peut en voir une preuve frappante, entre mille, dans les
modifications successives qu'a subies depuis cinquante ans l'équipement militaire : chaque ministre de la guerre, sans exciter la réprobation générale, a contribué à un changement devenu radical.
Il va sans dire que je préfère à tout ce que j'ai vu depuis, l'ha-

porte à ne pas se contenter longtemps des mêmes choses, à cette perfectibilité de la nature humaine selon les autres (et cette opinion plus philosophique et plus consolante est la mienne), à cette perfectibilité qui nous entraîne vers l'amélioration progressive des conditions sociales pour tous les membres de la société. S'il y a encore des doutes, le temps seul peut les éclaircir; mais il faut pour leur solution, courir la chance de l'expérience : c'est le sens le plus clair de la Révolution de Février, c'est son dernier mot.

Pour ma part, je n'ai pas le plus léger doute. Je dois assurément cette certitude à mon grand âge, qui me permet de lire dans l'avenir; puissiez-vous tous jouir de cet avantage à votre tour, et vivre comme moi dans une honnête aisance au delà de cent ans [1]!

billement de nos troupes sous la première République (quand elles étaient habillées toutefois) : je l'ai porté avec bonheur, et puisque je vous ai déjà fait plusieurs confidences, je puis bien vous dire que j'étais fier de *me voir passer* décoré des galons de sergent de la milice citoyenne. Que n'ai-je pu conserver aussi mes facultés de ce temps-là ! depuis cette époque, il m'a semblé que bien des choses déclinaient avec ma vue, et, d'après ce qu'on me rapporte de l'uniforme actuel de la garde nationale, je crois qu'il ne serait pas le moins du monde de mon goût.

[1] Vieillard candide, va-t-on me crier de toute part, penses-tu donc que les hommes ne sont pas toujours *les hommes*? Espères-tu que la République, en supprimant une foule d'abus, va déraciner les passions inhérentes à l'humanité? Rêves-tu aussi, toi, la perfection?

A cela, mes chers enfants, car mes contradicteurs ne le sont pas

Mais enfin quels moyens y a-t-il donc d'appliquer de si belles, de si incontestables maximes?

Pour les cœurs honnêtes, pour les esprits droits, les voici :

1° *Suffrage universel et direct*, sans exception ; mais avec les conditions qu'y avait mises la Constitution de l'an III, notamment celle de savoir *lire et écrire*.

2° Pour l'élection des représentants, *division des électeurs*, suivant le tableau ci-joint [1], *en catégories* libres de choisir leurs mandataires dans leur sein

moins à mes yeux que ceux dont j'aurai l'approbation, je tiens prêt pour toute réponse le dilemme que voici :

Ou les mauvaises passions continueront d'exister, et alors mon système les neutralisera dans une certaine mesure ; ou elles cesseront d'exister, et mon système alors ouvrira largement la carrière aux vertus qui auront pris leur place.

CATÉGORIES.	NOMBRE d'électeurs.	NOMBRE de députés.
Propriétaires (de terres ou maisons)......	80,000	4
Négociants.............................	100,000	5
Rentiers (de l'État ou autres)............	80,000	4
Ouvriers...............................	200,000	10
Agriculteurs...........................	60,000	3
Manufacturiers.........................	20,000	1
Artistes...............................	20,000	1
Gens à gages...........................	20,000	1
Militaires.............................	10,000	
Ecclésiastiques........................	5,000	1
Gens de lettres et savants.............	5,000	
	600,000	30

Lorsqu'une ou deux catégories n'arriverait pas au chiffre de 20,000, la fusion s'opérerait entre elles pour faire une élection en commun.

Ces proportions, qu'un recensement seul donnerait exactes, sont tirées de la supposition que le département de la Seine, pris pour exemple, a 1,200,000 habitants, 600,000 électeurs, et aurait 30 représentants à élire, en raison d'un pour 20,000 âmes ; mais ici l'idée seule est à considérer.

ou hors d'elles-mêmes, et dans l'une desquelles se placeraient, à leur gré, les citoyens réunissant plusieurs qualités, celles de propriétaire et de rentier, par exemple. Cette division, aussi naturelle qu'elle est équitable (mais elle n'est pas, dira-t-on, *politique*, et c'est justement le motif de ma préférence), mettrait complétement chaque fraction de la société à l'abri d'influences étrangères ; et qui donc oserait les vouloir et l'avouer ? elle ôterait aux clubs toute action hostile et délétère ; chaque catégorie, au contraire, aurait dans le sien propre son foyer permanent d'élection, au sein duquel les élus, de temps en temps, et surtout pour chaque question importante, viendraient se retremper, par la discussion ou par la correspondance, prenant sans répugnance une sorte de mandat impératif, si l'on veut, mais désirable et même nécessaire pour que la nation fasse bien vraiment ainsi par elle-même ses propres affaires. Les choix deviendraient plus éclairés, plus faciles, moins passionnés surtout ; moins d'avocats, moins de journalistes dans l'Assemblée ; moins de talents peut-être ; mais aussi moins d'ambitions à satisfaire. Les clubs, loin d'entraver, comme on peut le craindre, la marche des représentants, lui imprimeraient une direction naturelle, légitime, égale, sans secousses, toujours en harmonie avec les vœux, les intérêts, les besoins véritables, mais mobiles, des électeurs, du peuple, de la nation, de la France. La représentation plongerait ses pieds, comme des racines, dans le sol même de la patrie.

L'Assemblée constituante sortie des trois ordres qui existaient alors et qui se sont subdivisés, ne parut à personne que je sache, ni depuis, ni alors, mal représenter la France; et dans quelques Etats du Nord, si ma mémoire est fidèle, ce mode de représentation par ordres est aussi en usage. Mes catégories me paraissent bien meilleures encore.

3° *Une assemblée unique.* — A cette assemblée, c'est-à-dire à la nation elle-même, et toujours, la direction de toute sa politique extérieure et interne, la révision de ses institutions.

4° *Pas de système ministériel* : indépendance de chaque administration. L'Assemblée choisirait dans son sein une commission de trois ou cinq membres pour l'expédition des affaires de chaque département. L'Angleterre n'a-t-elle pas sa marine dirigée par un Conseil d'amirauté?

A quoi bon la solidarité des ministres, théorie fausse et dangereuse? De mauvais ministres ne peuvent-ils pas tomber, sans entraîner les bons dans leur chute? Qu'a le département de la justice à voir dans celui de la guerre, et celui des affaires étrangères dans le département de l'intérieur, si, dans chacun de ceux-ci, les commissaires, formant conseil entre eux, ne relèvent et ne tiennent leurs pouvoirs que de l'Assemblée, et à la seule condition d'avoir raison à ses yeux? Il suffit alors qu'elle renouvelle ou confirme les seuls commissaires *d'un même département,* au premier rejet d'un projet de loi présenté ou défendu par eux. — De là, meilleure et plus prompte expédition des affaires, malversations et concussions rendues presque impossibles, crises ministérielles supprimées avec les tendances et les systèmes. Cette loi si difficile à faire qu'elle n'a jamais été faite, sur la responsabilité des ministres, devient superflue.

5° *Placement des membres de l'Assemblée sur leurs bancs par départements*, signe visible d'une véritable confraternité. Plus de groupes dans la *plaine*, sur la *montagne*; plus de ventrus, plus de ministériels faisant de l'opposition systématique contre un ministère homogène; plus d'opposition proprement dite.

6° Vote *ostensible* sur les choses, *secret* sur les personnes. Plus de tactique parlementaire; les voix une fois comptées, la France aura parlé par la bouche de la majorité.

7° *Réunion fixe et sans convocation spéciale des représentants*, à moins de circonstances urgentes et extraordinaires, exposées dans une proclamation du président de la République, qui ne pourrait, avant l'expiration de son mandat, dissoudre l'Assemblée, si ce n'est pour consulter spécialement la nation sur des questions de paix ou de guerre (espérons que ces cas deviendront bien rares), par des élections générales, anticipées. Ainsi, plus de tiraillements, de tactique gouvernementale.

8° *Nomination annuelle, triennale ou quinquennale* (cela me paraîtrait de peu d'importance) *d'un président* de la République et de deux vice-présidents, *sur une liste de dix de ses membres désignés* par *l'Assemblée*, et qui seraient revêtus de l'un de ces emplois, selon l'ordre du scrutin de liste adopté par les électeurs.

A ce président, la nomination provisoire de commissaires ministériels pour pourvoir aux vacances qui pourraient avoir lieu dans l'intervalle des sessions de l'Assemblée, mais avec sa ratification postérieure.

9° *Aucun cumul d'emplois administratifs*, afin que le plus grand nombre possible de citoyens soit admis à prendre part au gouvernement du pays par le pays.

Respirons un peu maintenant.

Mes chers enfants, quel démocrate sincère et honnête ne verrait dans une constitution appuyée sur de pareilles bases, la vérité et la réalisation d'un gouvernement loyal, sans fiction, plus libéral qu'aucun de ceux enfantés par les révolutions précédentes?

Enfin, et c'est peut-être ici que des adversaires de mauvaise foi vont crier au radotage, refusant à la vieillesse cette confiance à laquelle pourtant elle a bien quelques droits : car, si les enfants de nos jours, à partir de dix ans, peuvent mettre la main aux révolutions, c'est aux têtes mûres qu'il appartient de les régulariser ; enfin, je voudrais que dans un avenir prochain, dans deux ans par exemple, en tout cas le plus tôt possible, et dès qu'il n'y aura plus de communistes, on désarmât, non plus seulement en face de l'étranger, mais à l'intérieur, dans la cité. Je voudrais qu'on laissât dans leurs ateliers, dans leurs bureaux, à leurs affaires, à leur ménage, cette foule de citoyens que la garde nationale détourne de leurs occupations naturelles, pour lesquels elle est une occasion de dépenses, et que l'élection qui va s'étendre à une foule d'emplois en détournera bien assez souvent encore, au grand préjudice du temps annuellement donné au travail, à la production, laquelle, au bout du compte, se trouvera de beaucoup diminuée : il y a lieu, du moins, de le craindre.

Cette belle et salutaire institution fondée il y a cinquante ans et dont je fus alors un des partisans les plus enthousiastes, naquit dans un moment de juste défiance, pour tenir en respect les gardes du corps, les Suisses et l'armée que commandaient des officiers nobles, partant soupçonnés et même convaincus de royalisme. Tout cela, Dieu merci, n'existe plus aujourd'hui, et dès que l'ordre social raffermi se sera de nouveau assis avec confiance sur des bases solides; dès que l'armée, sortie du peuple, et, tout le monde en conviendra, sa plus franche expression, avec les mêmes vœux et les mêmes intérêts, avec la discipline de plus, sera *républicanisée*, ce qui, selon moi, n'est pas difficile; il n'y aura plus de puissance menaçante, à laquelle la garde nationale doive faire contrepoids, de dangers pressants qu'elle doive conjurer. Les idées, excepté quand on les comprime dans l'ombre, n'ont rien de subversif : folles, elles succombent sous le ridicule ; raisonnables, ce ne sont plus des idées, ce sont des besoins. Dans le système que je propose, tous les intérêts, tous les besoins ayant leurs organes naturels et permanents, leur prépondérance légitime et relative, quels mécontents, autres que ceux qui obéiraient à l'instinct du désordre, tenteraient de bouleverser l'État ou la ville ? La police et l'armée, appuyées sur l'opinion, auraient-elles, en un cas pareil, besoin de l'encouragement, de l'adhésion de la garde nationale, adhésion qui manqua naguère à l'armée, à la garde municipale de la monarchie, pour défendre les arbres des promenades, l'éclairage au gaz et ces temples élevés à la pudeur, le long des boulevards? Les Etats-Unis d'Amérique, les républiques de la Suisse se passent fort bien d'une semblable institution. Là, les émeutiers ne sont pas le peuple : ce sont tout bonnement des émeutiers.

On comprendra pourquoi je ne leur ai pas donné place dans mes catégories.

Je suis las de dicter, moi, et mon arrière-petit-fils ne l'est pas moins d'écrire. Il est donc temps de nous arrêter.

Puissiez-vous, mes chers enfants, mettre à profit ces utiles leçons, ces avis *désintéressés!* oui, *désintéressés*, car je vais mourir bientôt, et si j'ai pu contribuer à votre bonheur, il ne me sera pas donné de le partager.

Je ne suis ni Matthieu Laensberg, ni Mathusalem : je suis seulement votre affectionné concitoyen.

L'ERMITE DE LA BANLIEUE.

Avril, 1848.